AF435762

Federico Bertesi

EXTREMA RATIO

EDIZIONI WE

ISBN 979-12-5497-034-8

©2022 Edizioni WE di Nicola Bergamaschi
Via Paulli 10/A – 26015 – Soresina (CR)

www.clickpertutti.com
www.edizioniwe.com
www.facebook.com/edizioniwe
www.instagram.com/edizioniwe
info@edizioniwe.com

Extrema ratio è una raccolta di trentacinque poesie a verso libero composta da diversi elementi: vittorie popolari, sproloqui viscerali, stralci di una vita di provincia, stagioni che si susseguono, internazionalismi linguistici e assurdi parossismi. Un'eloquentia davanti allo specchio di una voce narrante messa in attesa, in balia degli eventi che la circondano, tra il costante susseguirsi di nuovi aggiornamenti.

EXTREMA RATIO

a te
e famiglia

*«Quanto devono aver sogghignato, gli dèi, quando
ai mali che riempivano il vaso di Pandora hanno
aggiunto la Speranza; infatti sapevano bene che
tra tutti i mali è il più crudele, perché è proprio
la Speranza ciò che induce il genere umano a
sopportare le proprie sofferenze fino alla fine.»*

W. Somerset Maugham

*«L'albero spezzato
una pinna nera
nella notte scura
come una bandiera
morde il pescecane
nella pelle bruna
una zanna bianca
come la luna...
Maracaibo»*

Maria Luisa Colombo

BREVE AVVERTENZA

Le poesie riportate qui di seguito raccontano della costante lotta per la sopravvivenza nella comune vita quotidiana. Celano dietro simboliche visioni i sentimenti più viscerali. Il sentore crepuscolare di alcuni versi è arricchito dalle citazioni di grandi maestri della letteratura e della cinematografia, con la presenza di strofe di canzoni di un vicino passato e da svariati elementi della cultura di massa. I componimenti hanno come protagonisti luoghi, persone, eventi, incontri, stagioni e il tema che fa loro da sfondo è il ritorno: una nostalgia verso ciò che c'è stato senza averlo mai apprezzato. Ne consegue una velata malinconia. Ma nonostante tutto ciò, può esserci spazio per la speranza? Questo è il punto di partenza di questa silloge, una ricerca estetica attraverso la poesia tra vari stati d'animo, tentando stilisticamente di uscire dagli schemi in modo sfacciato e rabbiosamente libero.

I ATTO

PRP: Partito di Rifondazione Poetica

- 3 -

Articolo 1:
L'Italia è una Repubblica democratica,
fondata sulla poesia.
La sua cultura appartiene al popolo,
che la esercita nelle forme e nei limiti della vita.

Il soprammobile

Adagiato su un comodino
un bambolotto eterno,
burattino inerme,
in uno stato cerebrale anormale
resta consueto. Fa un passo:
Svelto il potere sgrassante di 100 limoni.

ORDINA SU
RITIRA QUI

Socio, elettore,
militante, spettatore
confuso in un folle scenario.

Parola alla difesa: un ululato!
No, era un belato.
Un muro crollato, un cancello serrato.

I pagliacci di Fellini e il loro disincanto

Commercio nostalgia in un parco.
Ho un'ottima clientela
la cui unica prerogativa
è la sopravvivenza,
infatti la tratto con diffidenza.
Se mi trovate un po' svogliato
non prendetela sul personale,
sono solo un essere animale.
A volte c'è chi si offende:
in effetti sono troppo distratto
e sembro un concetto astratto.

A confondermi è
la donna che vende l'ortica,
indossa solo della lavanda
e ha ninnoli tra le dita.
Senza fare rimostranza alcuna
(forse per apatia)
accetta il mio invito
sotto al portico dei sopravvissuti.

Si confida: vorrebbe
essere magra,
essere felice,
conoscere gente...
gentile.

Ho percepito il peso di una certa stanchezza
in quella sua intimità. In questo circo sbiadito
siamo entrambi satolli del nulla:
un vetusto vettore che ci annulla.

Rapsodia Umana

Una generazione di una razza scarmigliata,
parassita nel mare del nulla, è
legata all'ingiustizia e a una monotonia esasperata
in un periodo che cela perversione,
agitando un ebro cocktail fatto d'atrocità e confusione,
con le stesse funzioni di animali in prigione.
Votati al martirio attraverso il televoto
in un abisso di codici il cui algoritmo tende a stabilire
un senso di vuoto al quale ubbidire.

«Sei troppo arrabbiato!»
Ma io non voglio più essere arrabbiato...
è l'infeconda noia nebulosa, la cronaca del disgusto,
la necessità di un'altra esistenza, tutto ha lo stesso gusto!
Colpa di quest'ansia
che brucia
infame!

Non ho più il sorriso dell'infanzia,
non ho più il dono dell'adolescenza,
non ho più tutto il tempo dell'avvenire.
Una privazione autentica, inesauribile,
una congettura imperfetta e indigeribile.
«Inutile, superfluo, dai, prova a dimenticare!»

Non ci riesco... è quest'assenza universale di contenuti:
une divulgation du mal
ingerita con due compresse al giorno di *Bentelan*.

Lo scenario è indistinto e mi sento in pericolo,
però al centro del proscenio confesso dissoluto
illuminato da impellenti doti di ventriloquio,
allontanando in periferia l'inappagamento
lasciando scorrere davanti agli occhi il cambiamento:
il progresso, i progetti, un'unione,
un ritrovo, il viaggio, i sogni...
sì, un'illusoria, ma vera liberazione.
IO VIVO PERCHÉ NON POSSO PIÙ VIVERE
disse il poeta.

Nella splendida miseria di quest'artificio
simbolo di una civiltà in decadenza
restauriamo il presente, il nostro edificio,
nelle mani della provvidenza.

Spaghetti per le allodole

Considerati come esseri spiantati.
Facile pensarlo e impossibile negarlo
a una testa calda, a una caldaia
in blocco, in preda alla calvizia
che ci narcotizza.
Accentrando l'altrui nevralgia,
innescando alcuna conseguenza
su di alcuni cosiddetti refusi
ad atipico e probiotico rimedio,
sulla nostra anatomia resa in crisi
ammirando con affettuosa assistenza
degli invecchiati e ritriti apparati.

«Gradirei un piatto di spaghetti.»
«Cos'è che vuoi? Non hai neanche più i denti!»

Brucio parte della mia energia
da una tanica di cherosene: QUESTA È BENZINA
o è la puzza di gas della mia età che scoppia.

SKIPPING OVER THE OCEAN, LIKE A STONE
cantava Harry Nilsson.

Cotoletta

Portata abrasa,
ruvida e porosa.
La mascella scrocchia
mentre addenta
e rallenta quell'inerzia
frenetica
di un mondo lunatico
che si ciba
di parossismi impanati
probabilmente decongelati.

Un Satiro cerca d'ammaliarsi
asservito alla degustazione perpetua
di avvisi circoscritti e
assapora pigramente
questo capitolo della sua biografia
provando quell'inesauribile malinconia
che provoca la nostalgia
a chi è afflitto come lui
da un metabolismo lento
e impiega più tempo

ad assimilare quel che accade
continuando imperterrito a
ostacolarsi da solo perché
accecato da quella doratura
di quell'impiattamento con le patate.

Mattatoio

Un uomo glabro con una frusta
ammaestra una mandria di bovini adulti
nutriti con dei sedimenti.

Non appartiene alla malavita
irretisce da solo la sua treggia di buoi
millantando le proprie gesta:
racconti sudici,
aneddoti di festa.

Ha un fedele servitore mefitico
dai tratti carnevaleschi, con quel suo parrucchino
e delle ninfette non indifferenti
coadiuvate da una indole molto anonima.

Negli anni nulla rimarrà com'è
quando alla stregua di un'epifania che li eleverà
sarà l'unica cosa possibile,
interrogandosi dopo scosse e sussulti,
sbarazzarsi di lui.

Mendicante

Di ogni fortuna
e ogni sventura
il tempio viene apostrofato
dal senza dimora
il cui senso d'abbandono
divampa in un melodramma.

Mastica pillole,
corrompe polmoni.

Ci vuole un nome
da dare al limite dell'ossessione
per un individuo coll'alienazione
che urla con poca intonazione
sbaglia stazione
e non ottiene attenzione.

Clementina meccanica

Ritrovare un gusto, strozzato,
di una meticolosa saggezza
repressa e imbustata come un tramezzino
in un cellophane troppo stretto
dentro una teca d'idee ben rifornita.

Un collo di bottiglia afferrato!
«Il tappo è saltato?»
No, è l'intelletto che si è svitato
all'altezzoso superiore che si comporta da espatriato:
uno spazzino sempiterno di parafrasi balzane.

Con l'ottimismo che dilaga
l'odio propaga
nell'illusione infondata
per la nostra irrealtà innata.

Telescopio

In un grumo di fumo sintetico, rivoltante,
rincontro quella stella sgranata
e i suoi otto pretendenti:
Mercurio, Venere, Terra, Marte,
Giove, Saturno, Urano e c'è pure Nettuno.
Plutone mi ferma, mi vuole parlare:
«Codesto dehor cosmico
non l'è il centro del mondo!»
Un ballerino prova a fare il mendicante assieme a
uomini dal corpo di donna
e donne dal corpo di donna
prostituiti culturalmente
alla mercé di una folla troppo golosa.
«Te, cosa ne pensi?»
Tutti lo sanno, nessuno lo sa...
ci nutriamo dallo stesso piatto
manifestando dissenso con consenso:
i Rivoluzionari si scontrano con i Morbosi,
i Rivoluzionari amano soltanto i Morbosi.
È giunta l'ora di vegliare
su ciò che è rimasto dopo questo intervallo.
«Dici che salterai oltre il fosso un giorno?»
È ciò che voglio.

II ATTO

C'erano tutti

C'erano tutti:
donne
uomini
(più donne che uomini).
Bionde
brune
more
e pure rosse.
Poi i camerieri
svariati baristi
delle dottoresse
delle maestre
delle direttrici
degli ingegneri
anche alcune attrici
dei fioristi
tanti studenti
sei impiegate
nove cassiere
un presidente
diversi pensionati
alcuni negozianti
e pure i disoccupati.

C'erano i piccioni
i cristiani
gli ebrei
gli arabi
gli atei
e i blasfemi.
Avevano gli occhi chiari
nasi all'insù
bocche piene
gambe
(tante gambe).
C'erano sorelle
senza fratelli
e fratelli
con i propri fratelli.
Dei bambini
nei passeggini
e i loro genitori,
con giacche di pelle
e scarpe con i tacchi.
I sorrisi erano innocenti,
i saluti di convenzione
e negli abbracci c'era passione

tra tutti,
eterosessuali
omosessuali
bisessuali
ottimisti
negativi
rancorosi
timorati
alcolizzati
astemi
abitudinari
prevedibili
ansiosi
asociali
competitivi
comparse
(comiche e drammatiche),
protagonisti all'aperitivo antropocentrico dell'umanità.
Il baccanale sociologico
nella cittadella dei pensieri,
tra il chiacchiericcio che sgorga
e ascolta l'esistenza che scorre

per esigenza
per espiare
per un istante
quel brivido resiliente
che mi percorre
che ti percorre
che ci percorre
che li percorre
che vi percorre.

Amante

La sua è una compostezza prelibata.
Una successione reiterata di movimenti
compiuta nello spazio più allettante
in uno slargo di passione
fino al raggiungimento di una posizione.

Inclinando la mano per ottenere qualcosa
esercito il mio diritto
espiando il conflitto
dando forma concreta a un salario astratto
amando ciò che mi viene posto di fronte
come si amerebbe un amico che c'è sempre stato.

Tutto ciò di cui ho bisogno si trova già qua:
una farmacia per poeti,
un abbeveratoio per la mente.

Extrema ratio

Bramo un barlume di felicità
nella deprimente dimensione dell'eternità.

Cerco una risposta a dei quesiti
per redigere un bilancio
e coordinare le decisioni.
Non voglio essere estirpato:
sono un cipresso di ghisa, resto dove
mi è permesso stare.

Mentre sono qui con me
questa stanza non ha più finestre
ma quadri
quadri infiniti
e trovo rifugio dentro scene immaginarie,
piene di verità segnanti
o stralci d'innocenza spezzata.

Gloria eterna in una notte di mezza estate

- 33 -

Frutto del nostro tempo,
tra le urla di una nazione,
un'emozione incorniciata
su di una crepa nella storia:

e d'azzurro
la patria
si colora.

Idiosincratico

C'è un gran fermento nel cantiere:
da dietro la palizzata, annota tutto
mentre riempie un cassonetto,
non può far nient'altro il bravo inetto.
Lavora per una vita differenziata
raccogliendo gli stenti di una terra d'arare
non riuscendola a coltivare.

Arginando la sua condizione
raggiunge un casolare
al cui interno l'unica proposta è
l'inizio di un itinerario inconcludente.

L'erba alta, ostinata e infrangibile,
lo costringe a percorrere una tangenziale furente.

DARE LA PRECEDENZA
ATTENZIONE ALLA PENDENZA

Ad angolo retto segue una linea retta. È mellifluo,
a tratteggi è stimolato
dalle basiche nefandezze
da uomo previdenziale:

il tricolore continua a sventolare.

Un filo

Il Minotauro a fine giornata
abbandona il suo labirinto,
la sua quotidiana costrizione
e in piedi su una pedana si sveste dei suoi abiti
da bestia operaia
e pratica meditazione.
Pulsazioni interne
dal battito cardiaco accelerato,
pare una centrale elettrica in sovratensione:
spinge le proprie sinapsi ad andare in espansione.
Estende i propri limiti,
raggiunge un'altra dimensione,
si allunga verso una visione.
Conquista il punto massimo e
nell'attimo che precede
una goccia gli sfiora il muso:
si ridesta, da quel dedalo non è mai evaso...
finisce col contare i petali
dai quali è circondato.

L'Apocalisse verrà scritta in prima persona
dalla parte sbagliata della storia

Un bersagliere dell'altrove si appresta a redigere un trattato sull'esistenza. Indossa una maschera e resta, a prender tempo, procrastinando e al solito, sperando. Lo chiamano Apollo, tra follia e fatiscenza è la conseguenza di un'amara visione, colore, di una situazione che non ha soluzione. Il nostro incontro è un curioso caso, dietro a una fenditura con le luci accese. «Meglio *Burger King* o *McDonald's*?» mi pone subito questa domanda. E poco dopo «Preferisci la *Pepsi* o la *Coca*?» Non rispondo. Lui sorride. «*Campbell's* condensed tomato soup. *Coke* refreshes you stoup.» ha un'ottima dizione, anche se ciò che dice è privo di senso. «QUANDO SEI QUI CON ME, QUESTA STANZA NON HA PIÙ PARETI, MA ALBERI, ALBERI INFINITI QUANDO TU...» dice che avrebbe voluto fare il cantautore. Vuole fermarsi per pranzo. «Questa tu la chiami carbonara? Che cosa c'è dentro, la panna?» No, non c'è la panna. Nessuno si è mai lamentato della mia carbonara. «Perché hai scelto i bucatini? Io preferisco le mezze maniche!» In dispensa non ho le mezze maniche! Questa crisi avrà una fine? «Peccato... un po' di panna comunque potevi mettercela.»

Salificazione

- 41 -

Comportandomi d'aracnide sul litorale
accerchiato dagli stessi secolari granelli di sabbia
c'è spazio per ciò che è essenziale:
una garanzia, questa, necessaria
per riempire la bocca di sale
e sanificarsi con cognizione
dalle contorsioni della logica
che fanno troppo rumore
in mezzo all'abbondanza di ogni funzione.

La mietitura del Ferragosto

La Stagione reclama un posto.
Un porto, dove approdare
e augurare a viaggiatori assennati
una villeggiatura in appalto.

Signore e Signori assiepati in abiti estivi
si destreggiano tra il cemento
alzando il mento, dopo aver contratto
il proprio ghigno, stando rinchiusi
in una metropoli o negli spazi di provincia
tra croce e delizia
accumulando infradito e '*mbuttunado*
sacche e borsoni proprio
per questo momento.

La fermentazione è cominciata,
con diversità e decoro,
di una versione differente
che inquina il globo:
la mietitura del Ferragosto.

Spargimento

Rigiro il capo:
lo raggiro, socchiudendo le palpebre,
per trascinarlo verso quelle coordinate
in un luogo brado, sprovvisto di logo.
La potenza con il quale esso è emerso
è cristallina,
nonostante quella stagionale corruzione
di una civiltà che lo sfiora e subito lo abbandona
per fargli visita
solo per cercare quella salvezza
lontana dalla capitale
senza dipendere dal capitale
di cui la risacca non ne ha bisogno
e il frangente respinge spumeggiante
adulando la barca che vuole andare,
che priva di vele vuole veleggiare,
attraverso il suo moto ondoso
che seduce e cattura
ogni bipede bipolare.

Forse è l'unica azione che vale fare.

Messaggio d'auguri del 17 Agosto

- 47 -

In attesa del futuro
viviamo nel passato,
oltre una siepe
di novità richieste
e difficoltà epocali.

QUASI, QUASI FACCIO UN RAP IN FRANCESE
citando Fibra,
è tutto un déjà vu
a tu per tu
l'anniversaire
la Mademoiselle con il tailleur e la guêpière,
l'Enfant prodige ricco di savoir faire,
un nutrito entourage,
il mio è solo un escamotage
il tour, l'aplomb, il pret-a-porter,
rien ne va plus
le jeux sont faits.

Intermittente

In una foresta di lampioni
l'attesa posteggia
tra il destino in sosta
degli innamorati istintivi.

Un bagliore a singhiozzo vi ruota attorno
segue il ritmo cadenzato
di un mulino che macina grano.

Salta una cinghia,
il cielo si squarcia
per addentare quella vite appena colta
in quella sagra di bocche e lingue
che girano sgombre...

OMBRELLO. ACQUA. VINO. BOTTIGLIA.
TAPPO. CAVATAPPI. ACCENDINO. PIPA. PACE.
PACIFICO, ATLANTICO, MARE,
ADRIATICO, ARTICO, POLARE...

De gustibus

Il corpo è teso
lo sguardo è perplesso
la cadenza è amena:
una formula apotropaica
di un sentimento viscerale
nelle sue pieghe più recondite.

Un panorama mozzafiato:
anche se chiudo gli occhi
il paesaggio fisico resta sdraiato.

Nuota l'appetito! La gola emette un guaito
quasi a diventare una *piccola serenata notturna*
visibile sul pentagramma
che circonda un viso.

Jucunditas

Dice che sembro del Midwest
lei invece è di Budapest
in TV danno Ghost
(o forse è di Bucarest)
comunque mi sta facendo un test.

«Buenas tardes señor! Cómo estás?»

Ha dei modi da bambina... si chiama Victoria
ed è figlia di una sconfitta sociale.
Fa spettacoli di cabaret
e sorseggia *Gin Mare*:
credo sia uscita da una tela impressionista.

Alla fine di quella verbosa danza,
analizza attentamente il mio modo di parlare
poi tende le mani con religiosità
et elle les dépose là.

Già, è solo un gioco

Appena fuori dal centro, ma dentro la storia,
il Podestà dette alla luce un velodromo!
In contrappasso, i figli del secolo, lo consegnarono
a un partigiano, alla memoria:
il Grande Vecchio, anche se
non è grande e solo in parte è vecchio...

un anfiteatro calcistico tra i tanti,
con tanto folclore e relativo ardore:
terreno di scontri,
alimento di passione.
Sfide gloriose, imprese impensate,
miracoli sportivi: qui si è potuto sognare!
I risultati strazianti e le sentenze cocenti
pure questi nessuno potrà dimenticare...

tutti in piedi sui seggiolini
a saltare, a gridare,
a perdere, a vincere,
a inveire, a benedire
tra quelle mura, a guardare
quel tuo campo da gioco immortale:
puro fattore emozionale...

e il tifar m'è dolce in questo stadio.

III ATTO

2023 Odissea Qualunquista

- 59 -

Sembra inutile additare la mediocrità:
il talento non è per la quotidianità.
Da sfidare c'è un problema,
nell'eleggere chi con la sua mente mi fa pena.
Però così è stato decretato
e io sulla soglia per caso
ho un'idea di cristallo che innaffio in un vaso.

Mi sento seccato,
da un tormento destabilizzato.
Li sto forse assecondando,
in questa recita improvvisa,
fatta di consigli per gli acquisti
per poi morire come populisti.

A poetry-coke

In compagnia di alcune parole
colte in modo oggettivo da un
senno soggettivo in sibillina
solitudine, di una vita stretta che
avvolge in modo aitante
la seducente estrosità,
della madre e della figlia,
maestre entrambe
di un senso da compiere in
florida indipendenza,
potendosi vendicare con intenti sadici
per lasciare spazio all'estasi incomprensibile
e alla velata mestizia irreprensibile.

Pray and obey

I look in loop
the church of light
rooted in my mind
where a very kind
couple of priests
reject everything
we propose to them in peace.

With piety and devotion
against the name of an obsolete apparatus,
I need the verity,
because my soul needs
a place near the heart to blissfully stay.

We can discover together
a new frontier of civilization
inside the cosmic chessboard,
in religious contemplation
of the same Chess Grandmaster
as equal pawns in eternal freedom.

In un'isola della mente

Dischiudo lo sguardo e il
tepore di alcune ore invisibili
mi conduce con riferimenti evidenti
in uno Stato fatto d'Arte.

La struttura centrale è un castello medioevale
(di medie dimensioni e di forma ovale)
e la libertà vi regna sovrana.
Mi metto al servizio nel borgo
e seguo il protocollo partendo dal volgo.
Gli arrivisti di cliché vendono rose,
gli ingenui non creano subbuglio
e i cassieri capiscono ciò che farfuglio.

Al di fuori delle sue mura un mare
assetato esclama:
«Le gambe delle donne? Settanta sete!»
se non ho capito male: ha tanta sete.
«Sete per undici... prova a distrarmi?» chiede.
Foglie fresche di melissa... «Melissa sete!»
m'interrompe: «Così non mi passa la *Satta*.»
allora pensa alla melassa!
Non risponde e m'inonda
ottenendo la sua rivalsa.

La Luna prende la parola e mi sveglia:
miagola, somiglia al felino
e mette fine a quel dormiveglia
metafisico e cretino.

Non mi guardare così Luna

Non mi guadare così Luna
non mi giudicare
sì, ho commesso degli errori
lo ammetto
ma ti prego, lasciami stare

Non mi guardare così Luna
non è colpa mia
non ero solo
eravamo in tanti e siamo stati tutti complici
nello stesso avvenimento:
lasciami, ti supplico
è già abbastanza un tormento, questo, per me

Non mi guadare così Luna
non insistere
È STATO DIVERTENTE GIOCARE IN ALLEGRIA
MA ORA ADDIO, ADDIO, AMICI ADDIO
ricordi? Lo cantavamo a squarciagola!
Erano altri tempi ed ero un bambino e
non potevo sapere...
ma già, dici che era evidente
eppure secondo te, non ho fatto niente?

Non mi guadare così Luna
avresti dovuto fermarmi prima
perché non mi hai avvisato
tu che dall'alto sentenzi il destino ogni notte
delle donne e degli uomini
delle piante e delle bestie
della terra e del mare
ti imploro,
non ci condannare

Non mi guadare così Luna
ti chiedo scusa
scusa perché tutti guardano tramontare e sorgere il sole,
mentre nessuno aspetta mai il tuo arrivo
e si accorgono di te unicamente quando
sei formosa e perfetta...
scusaci perché non sapevamo
di quello che stavamo facendo:
dovevamo farlo!
E lo abbiamo fatto, con ogni mezzo
senza pensarci troppo,
più ci pensavamo e più la soluzione s'allontanava
quindi abbiamo agito e dopo...
abbiamo vagito

Non mi guadare così Luna
ora è facile criticare
io non sono nessuno
non è con me che devi parlare
io non ho combattuto guerre
io di giorno quando tu non ci sei
faccio il mio dovere
e cerco di farlo nel modo giusto:
con una pala in mano
davanti a un cumulo di scelte sbagliate
con i rimedi che mi vengono prescritti
dalle persone di cui mi fido
che cercano di mandare avanti a loro volta
la propria esistenza come chiunque altro

No, Luna, non sto dando la colpa ad altri
persino quelli che hanno torto vivono nella ragione
non ti sto chiedendo d'ignorarci
vieni in nostro soccorso
d'aiuto non ce n'è mai abbastanza
tu sola puoi guarire le ferite di questo mondo
tondo e vuoto come i crateri di cui sei cosparsa:
la Terra qui è ormai arsa

Non c'è solo rabbia e disuguaglianza Luna,
c'è il disperato desiderio di leggerezza
che premia ogni sforzo con una carezza
nettare e sintesi della vita
per noi anime smarrite
che cercano Afrodite
in uno stagno, in mezzo alla fanghiglia

Non mi guadare così Luna
un giorno ci processerai per tutto questo
ma non adesso.

L'acquario di Bologna

All'inizio erano in due
ed erano quanto basta.
Uno azzurro e uno rosso e nessuna utopia,
gli unici a Bologna sprovvisti di uno scopo
guardavano chiunque, poco, con fare vitreo.

Malgrado noi, da dietro una balaustra,
in quell'agape divennero in tre:
vivevano come congiunti in una vasca d'acqua.
Ci dissero «Voi non ne sapete abbastanza!»

Nemmeno uno colse il valore di quella esclamazione.
Vennero da Terni e Parigi,
estremisti ed esperantisti,
fecero analisi cablate e usarono nuove tecnologie
finché non ci dissero di volersene andare.

Non resistettero a quella efferata spietatezza:
il più giovane di loro
indossò la divisa di un negozio multi-marca
e ritornò al lavoro;
mentre il genotipo più bello,
irriconoscibile in abiti da sera,
salutò tutti con estremo garbo.

L'ultimo, rimasto isolato
affogò i suoi segreti
con tequila e Lambrusco.

Rimani fantasia

Succede, di rovinare
con un movimento sfumato
lo stralcio delineato
nel tentativo d'indovinare.

Dato il diverso presupposto
rispetto alle possibilità realizzabili,
il significato resta nascosto
finché sono immaginabili.

Serve di più: l'etere urge qua giù.

La chimera è una congettura non totale
che rende la materia una scoperta accidentale.

In fondo

Ampolloso come un metodo coercitivo:
era la figliastra! Quella didascalica e dispotica
(no, non è una narrazione distopica)
pressapoco recalcitrante: dissi basta, d'amico lascivo.
GRAZIE MILLE citando una mail di lavoro:
fa da chiusura ai nostri monologhi
diventati troppo presto vuoti e monotoni.
La sua vita è una delle mie preferite:
sì, c'è a chi non piace, non li posso biasimare.
Io avevo il diritto di lasciare!
Poi non ho fatto altro che rimuginare...
ne uscì sconfitto, non trafitto.
Non esiste momento
giusto, ma solo lo sdegno
per quell'ipotetico contegno.
Un supplizio, una beffa martoriata,
la storia è stata mutilata.

La fine dell'inizio

Gesto soverchio
di un'anima che parte:
abiura, dice addio.
Cresce, si moltiplica
tra cumuli di giorni reali,
tra cianfrusaglie di vecchie battaglie, ossia
sterpaglie inutilizzabili accumulate in modo raffinato
neanche fossero delle medaglie.
In completo sbrago
ne conservo un ricordo differente:
un'appartenenza profonda
a un periodo fondante.
In soffitta c'era ciò che avvenne
a una generazione indenne
che divenne tutto partendo da niente.
Un compromesso dopo l'altro bisogna concedere
per assomigliare a qualcosa da definire
e proseguire verso una diversa casa...
nulla è poi mutato,
il resto lo si è solo lasciato andare.

E allora

- 79 -

Abbarbicato, posa le radici
quelle che tu maledici
e coperchia il fuoco divampato.

LASCIA CHE IL SOLE ENTRI
LASCIA CHE ENTRI IL SOLE
CHE IL SOLE ENTRI.

PRINCIPALI RIFERIMENTI
ALL'INTERNO DEL TESTO

- **"PRP: Partito di Rifondazione Poetica"** trae ispirazione dall'Articolo 1 della *Costituzione Italiana*.

- Ne **"Il soprammobile"** si fa esplicito riferimento, senza alcuno scopo pubblicitario, a un prodotto per detergere i piatti, ricopiato da un manifesto promozionale.

- All'interno di **"Rapsodia Umana"** la citazione «Sei troppo arrabbiato!» è tratta dal monologo introduttivo di Woody Allen nel film *Manhattan*. Mentre il poeta al quale si allude nel quintultimo verso è Charles Baudelaire.

- In **"Spaghetti per le allodole"** la prima citazione in maiuscolo fa riferimento a un rocambolesco episodio accaduto durante un'edizione del *TG2DieciMinuti* del 2006. La seconda citazione invece è tratta da un verso della canzone di Harry Nilsson *Everybody's Talking*.

- **"Idiosincratico"** riporta un paio di scritte contenute su di alcuni comuni cartelli stradali.

- Sia in **"L'Apocalisse verrà scritta in prima persona dalla parte sbagliata della storia"** che in **"Extrema**

ratio" la canzone citata e storpiata è *Il cielo in una stanza* di Gino Paoli, resa celebre dalla voce di Mina.

- Il primo verso della seconda strofa di **"Messaggio d'auguri del 17 Agosto"** riporta un estratto della canzone *Tranne te* di Fabri Fibra.

- Gli ultimi versi in maiuscolo di **"Intermittente"** sono tratti da una scena del film *Riusciranno i nostri eroi a ritrovare l'amico misteriosamente scomparso in Africa?* di Ettore Scola.

- La piccola serenata notturna in **"De gustibus"** fa riferimento alla serenata in sol maggiore K525, universalmente nota come *Eine kleine Nachtmusik*, scritta da Wolfgang Amadeus Mozart.

- Nel componimento **"Già, è solo un gioco"** dedicato allo Stadio Sandro Cabassi di Carpi, il finale è una storpiatura del celebre verso conclusivo de *L'infinito* di Giacomo Leopardi.

- Per correggere e tradurre i termini "italinglish" utilizzati in **"Pray and obey"**, l'autore si è valso dell'aiuto e dell'opinione della Dottoressa in Lingue Monica Luppi.

- **"In un'isola della mente"** è stata scritta dopo la lettura della raccolta di poesie *A Coney Island of the Mind* di Lawrence Ferlinghetti.

- La citazione in maiuscolo in **“Non mi guardare così Luna”** si riferisce alla *Canzone dell'arrivederci* di Bear nella grande casa blu (un noto programma televisivo per bambini di fine anni '90).

- **“L'acquario di Bologna”** è stata scritta dopo l'ascolto casuale di *Bomba o non bomba*, brano di Antonello Venditti. Le città indicate, Terni e Parigi, sono a loro volta una citazione di un noto sketch comico di Gigi Proietti: *La signora delle camelie*.

- In **“E allora”**, a chiudere la raccolta di poesie, vengono riportate le parole tradotte e ripetute più volte nel brano *Let the Sunshine In* del gruppo musicale The Fifth Dimension.

NOTE SULL'AUTORE

Federico Bertesi, dopo essersi diplomato in ragioneria e laureato in Scienze della Comunicazione, ha iniziato nel 2016 scrivendo per un blog articoli sulla nazionale di calcio.

Nel 2017 frequenta un Master in scrittura creativa allo IULM e un suo racconto inedito viene selezionato dalla commissione composta da Marco Missiroli, Antonio Scurati, Francesco Piccolo, Paolo Giordano e Alessandro Bertante, per un reading alla Fiera dell'Editoria Italiana di Milano (Tempo di Libri).

Nel novembre dello stesso anno, vince il premio per la miglior sceneggiatura al Mammut Film Festival, con lo script del cortometraggio "Il Fatto del Giorno in HD". Partecipa, infatti, a svariati concorsi letterari e cinematografici, con l'obbiettivo di maturare e sperimentare generi differenti tra di loro, ma accomunati dalla stessa necessità: quella di scrivere.

Per una testata online redige articoli di cronaca come corrispondente dallo stadio per le partite del A.C. Carpi.

Attualmente collabora con il regista teatrale Paolo Di Nita: cura infatti la parte testuale di diversi spettacoli per l'Associazione Culturale Quelli del '29, attiva in provincia di Modena e Reggio Emilia in ambito teatrale e cinematografico.

Nel 2019 conclude la sua prima raccolta di poesie "De Gin Tonic Eloquentia", edita da Edizioni Virgilio e in seguito da Edizioni We. Nel 2023 torna il libreria con una seconda eloquentia: "Extrema ratio" pubblicata da Edizioni We.

INDICE